꽃잎 지는 봄날의 외출

조종명 시집

교음사

시인의 말

내가 시인이라니.
"아직도 위대한 시를 기획하고 있도다."
단테의 이 말씀에 흥분했었다.

이제야 조금씩 깨닫는다.
나는 시인이 아니다.
간혹 마음에 드는 구절이 떠올라
한 마리 시를 만들었다.

부끄러움을 알아가는 이즘

그래도 시집 한 권만 더
내고 싶은
미련이 있다니.

2024년 8월 조중명

| 꽃잎 지는 봄날의 외출 |
· 차례
· 시인의 말

1. 지키지 못한 약속

오작교 … 18
그 길로 가면 … 19
그리움 … 20
매화 꽃잎 지는 날 … 21
옛친구 … 22
봄날은 … 23
사는 일은 … 24
작은 별 … 25
안부 … 26
쌓이는 눈은 … 28
올가을엔 … 29
우음偶吟*이라는 시는 … 30
우연과 고독과 … 32
유월 중순 아침 … 33
이십 년 삼십 년 … 34
이젠 꺾지 말자 … 35
정명正名 … 36
페이스북 편지 … 37
푸른 하늘 … 38

건너가는 일 … 39
지키지 못한 약속 … 40
푸른 나무 푸른 하늘 … 41

2. 그리운 몽당붓

까치가 울면 … 44
어우름 … 45
풍경風磬 … 46
황사黃砂와 난향蘭香 … 47
초우樵玗 … 48
서장序章 … 49
그리운 몽당붓 … 50
겨울밤은 길다 … 52
벌초伐草 … 53
산을 바라보며 … 54
성선설 … 55
올가을의 무게 10kg … 56
우주홍황宇宙洪荒 … 57
입추 … 58
자유로운 날 … 59

책 … 60
　　초추 … 61
　　추수 … 62
　　근사하지 못해도 … 63
　　멀어도 맑은 향이 오는 … 64
　　밤 얘기입니다 … 65
　　심의心醫 … 66

3. 무제

　　고모님께 … 68
　　공허한 명성 … 69
　　꿈 … 70
　　날짜 세기 … 71
　　내 마당에 … 72
　　노경老境 … 73
　　능소화 … 74
　　무제 … 75
　　부고 … 76
　　산에 올라 … 77

수액 … 78
심심산골에 섬이 있다 … 79
야생초 … 80
오늘을 산다 … 81
잣나무 바람 … 82
천장天葬 … 83
향수享受 … 84
황새 … 85
눈 오는 밤 … 86
작별의 편지 … 87
풍성학려 계명구폐 … 88
술 좋아하는 사람 … 90

4. 아제아제 바라아제

가을 겨울 … 92
가랑잎 … 93
고향에 살다 … 94
기다리지 않아도 지나간다 … 95
날아가고 묻혔다고 사라지는가 … 96
내 마음 바로잡기 … 97

내일은 … 98
다음 장날의 장기帳記 … 99
동창회에 갔더니 … 100
부동심不動心 … 101
산골 사람 별곡 … 102
생애 … 103
시한부時限附 … 104
여인숙 … 105
환승역 … 106
답사 사진 … 107
아제아제 바라아제 … 108

5. 매화를 찾아간다

김규정 시인 … 110
상달 진주 남강 물 위로 흐르는 달을 보리라 … 111
꽃잎 지는 봄날의 외출 … 112
샘물이 솟아나서 … 114
경주에 가서 … 116
동트면 … 117

누드 쇼 … 118
만락재晩樂齋를 짓고 … 120
사람도 꽃을 피운다 … 122
어떤 일생 … 123
우산을 쓰고 … 124
자유와 향수와 … 125
적란운積亂雲 … 126
무료함을 위안한다 … 127
겨울 낮의 평화 … 128
논갈이 밭갈이 … 129
매화를 찾아간다 … 130
정맥고풍변이 돌에 새겨지다 … 132

해설 / 조구호(문학평론가) … 134

1

지키지 못한 약속

오작교

세상의 까막까치
다 모여
은하수 넓은 강에 다리를 놓았다

칠석날
이리도 깊고 깊은
어둡고 어두운 밤에
가랑비 구물구물 오는 밤에

가다가 날 새면 어이하나
일 년에 하루뿐인데
그리운 사람
저기 있는데

그 길로 가면

연도의 풍경은 아름다웠고
하늘은 맑았다
조금 들뜬 목소리로 시를 읽었다
그 사람이 좋아하는 시인이라는데
시인도 시도 다 잊었다
구름이 바람 따라 떠나듯
시를 읽던 사람은 떠났다
그 아름다운 시가
내 흰 눈썹 갈피에 숨었다가
살아 나올까
그 길로 찾아가면 그 시 그 사람
만날 수 있을까
그날 햇살은
오늘처럼 따스했었지

그리움

혼자 왔으니
만남이 있고 헤어짐이 있지

옛날
할아버지와 함께 심은 매화나무는
한 해가 지고
눈이 내린 뒤에 또 피겠지만

피고 지듯 살아오며
만나고 헤어졌다
그러니 쌓인 것은 그리움뿐이지

우두커니 서 있는 저 산은
만남도 헤어짐도 그리움도 모르는 바보

해지는 산비탈에 서서
바보 되는 법을 배운다

매화 꽃잎 지는 날

계절은 자꾸 가지
머뭇거리지 않아서
사람들은 일찍 가기도 하고
오래 살다 가기도 하네
그대 사립을 나서는데
늙은 매화나무는
몇 장 남지 않은 꽃잎을
자네 어깨 위에
떨어뜨리는 것 보며 서럽네
일 년 뒤에도 꽃은 피어서
날아 떨어지겠지

옛친구

어슴푸레 기억나지만
생사를 알 수 없다
얼마나 소중했고
얼마나 보고 싶었는지

생사를 아는 것이
무슨 소용이겠는가

오동잎 하나
창문을 스친다

봄날은

고사리 꺾고
엄두릅 꺾고
자빠지고 엎어지고
그렇게
남은 봄날 다 간다

사는 일은

살아가는 일은
베를 짜는 일이다
희로애락이 섞여 와서
깊은 골방에 군불로 타들어 간다
날줄 씨줄을 보디로 탕탕 쳐서
비단을 짠다
석새 베 씨도 안 들게
인생을 살다 간다
비가 온다
바람이 분다
뜬구름 떠 간다
사는 일은
좋은 사람 싫은 사람 모두 섞어
베를 짜는 일이다

작은 별

우주왕복선 인데버호를 타고
무변광대 우주에서
무중력의 유영을 하고 돌아온
윈스턴스콧은 말했다

'우주에서 보면 지구는 한없이 작아
인간은 겸손해야 해'

아름다운 노을이
실존하는 모든 것을 확인한다
해가 지면 다시 뜬다고 믿는
참람한 자만심으로 잠자리에 든다

안부
　-임인년 설을 맞으며

자네 별고 없는가

어제는 동창들이 꿩고기 먹으러 칠백 리를 갔었네
가로수 잎 떨어지는 늦가을
찢어진 파란 하늘 아래로
일 년 혹은 얼마 만에 만난
오랜 친구들
아홉 사람이 모였길래
왜 이리 작게 왔나 했더니
모두 다 왔다고

누구누구는 한 번 간 후 소식 없고
누구누구는 고려장 갇혔고
누구누구는 비싼 여관에 누워 죽느니만 못하니
총원 스물다섯 사고 열여섯
남은 자가 아홉이라네
지는 해를 따라
내년을 기약하며 헤어지는 사람들

돌아오며 간절한 보고픔에
그대의 안부를 묻는다

쌓이는 눈은

소리 없이 눈 내리는 밤
툭툭 부러지는 애절한 소리 들린다
힘겨워 부러지는 소리
어깨를 짓누르는 펄펄 날리는
부드러운 눈을 짊어지고 부러지는 밤
힘주어 맺은 맹세가 아프게 흔들린다
방바닥에 어지럽게 흩어져 있는
삼불후三不朽로 공을 세운 사람들이 내린 숙제를
어찌해야 훌훌 풀꼬
퇴비사에 정연히 쌓았던
황갈색으로 뜬 신갈나무 잎이 모심기 거름 되듯
저렇게 푹푹 썩어
누굴 위한 한 줌 두엄이 되고 싶지만

올가을엔

올가을엔 적상산赤裳山에 갈라네
붉은 치마 흔들리는 바람든
산속으로

아름다움이 진실이라 하니
진실에 푹 빠져서
아름다운 소풍하고
올라네

아름다운 호수에 풍덩 빠져
붉은 치마 건져 와서
횃댓줄에 걸어놓고
혼자 볼라네

우음偶吟*이라는 시는

짧은 여름밤
초경初更부터 비가 왔다
풍영정** 이야기 쓰다가 야삼경이 된다
잠자리에 들려는데
열엿새 달님이 창문을 넘겨 본다
창문을 열어놓고
달과 인사한다
옛사람은
우연히 시를 쓰고
천 년 전 사람과 벗했다더니***
아예 잠은 보내고
일어나 읍을 올린 후
공손히 옛 벗과 마주한다

* 우연히 읊다.
** 諷詠亭, 광주에 있는 칠계 김언거(金彦琚, 1503~1584)의 정자. 100편에 가까운 詩板이 걸려 있음.
*** '孟子' 萬章章句 下, '以友天下之善士로 爲未足하여 又尙論古之人하나니, 頌其詩하며 讀其書호되 不知其人이 可乎아. 是以로 論其世也니 是尙友也라. 천하의 선사와 벗하는 것을 만족스럽지 못하게 여겨, 또다시 위로 올라가서 옛사람을 논하나니, 그 시를 외우며 그 글을 읽으면서도 그 사람을 알지 못한다면 되겠는가? 이 때문에 그 당세에 행사의 자취를 논하는 것이니, 이는 위로 올라가서 벗하는 것이다. '卷中之友' 또는 '尙友千古'라 함.

우연과 고독과

해가 떠나면
미구에 별이 늘어선다
네 별은…
내 별은…

밤 안개가 펴는 진한 고독
내일은 무슨 일이
날 찾아올까

유월 중순 아침

복돌이 데리고
아침 소풍을 나선다
밤나무 백일홍 노나무 열병閱兵하듯 지나간다
아래 논 금산 할머니 안녕하세요
위 논 정교장 좋은 아침
무논에는 청산이 얼룩덜룩
개구리는 한하운 조로
가 갸 거 겨 그 기 고
읽다가 뚝 그친다
풋감 하나 떨어져서
지축을 울리므로

이십 년 삼십 년

그렇게 헤아릴 수도 없다
그러다가 내 생이
건듯 지나감으로
진주에서 점심을 먹고
진양호 둘레길을 가고 싶었다
지나간 세월 위에 뿌리는
지리산 눈발이
잔잔한 물결에
흘러간 노래처럼
반짝이는
그대 시 한 수가 떠 오른다

이젠 꺾지 말자

할머니 무덤 앞에
고개 숙인 고사리
이젠 꺾지 말자
등 굽어 작지 짚으시고
세월을 저어 가신
할머니
길고 험한 강물 떠 가다가
손자에게 이르렀습니다

정명正名

하늘이 무슨 죄를 지었길래
혼돈의 여름 다 지나고
아무 거리낄 것 없는
이토록 밝은 가을에
푸른 산맥이 작두날로 벌여 서 있나
하늘이
잠시라도 소임을 잊을 리 있으랴
기연其然한 자연이
나를 향해 산바람 내림이여
하늘같이 믿고
사는 날까지 심판받듯
소임대로 살라는 것임을 알겠구나

페이스북 편지

사랑한다며 떠나는 날
편지를 쓴다
해도 달도 강물도
모두 떠나는 날
편지를 쓴다
손을 떨며 편지를 쓴다
얼마를 지나야 잊을 수 있을까
무성한 다음에 사라지는 낙엽인걸
이별의 편지를 즐겁게 쓴다
바람 부는 거리에서 편지를 쓴다
한 줄짜리
두 줄짜리로 짤막하게
마음을 찾아올 편지를 쓴다

푸른 하늘

하늘이 있으니
늘 머리에 이고 산다
가지 사이에 풀이 난다
솟아나는 근원을
찾아야지 하며 산다
억수비가 내려도
아랑곳하지 않고
두려워하지도 말고
자랑하지도 말고
머리에 이고 산다

건너가는 일

언제 건널까
곤곤한 강가에 서서
흐름을 그치게 할 수 없고
불안정한 언덕에서
맑은 하늘 아래 발은 저린데
눈길만 여러 번 건넜다
비가 내려도
눈이 쏟아져도
강물은 줄지도 붇지도 않고
흘러가기만 한다
나도 떠내려가고 있다
건너가지 못하고

지키지 못한 약속

네가 사랑한다고 말하던
그때
나는 무서워 나뭇가지 끝에
매달렸습니다
아 그대여 두려움을 이긴 당신은
어디로 갔습니까
땅끝에서 까치발로 하늘 향해 서서
오는 곳도 가는 곳도 모르고
마음 하나만으로
세상 막바지에 와 있는 나는
두려움에 떨고 있습니다
조용히 부릅니다
사랑하는 그대여

푸른 나무 푸른 하늘

감나무 동백나무 매실 장미 노나무
푸른 하늘 실구름
손가락을 꼽는다
하나 둘 셋
하나 둘 셋 넷
참새 한 마리 완두콩 지주대에 앉는다
지나가던 바람도 쉰다
바라보는 나도 쉰다
무엇을 헤아렸을까
하늘 나무 새
고추밭에 물을 주어야지
날씨는 더 가물 것 같다
그래도 보리수는 바알갛게 익는다
여섯 일곱 여덟
여섯 일곱 여덟 아홉

2

그리운 몽당붓

까치가 울면

심심산골
아침 햇볕이 감나무 위에서 잠시
쉬고 있을 무렵
까치 몇 마리가 반가운
하루를 예언한다
너희들 먹으라고 달아놓은
붉은 홍시들도 다 떨어진
지난밤 달이 걸렸다 지나가고
별이 달렸던 차가운 가지에
우리 양주를 위해 즐거운 소식 전하는가
아마도 서울 가서 공부하는
예쁜 손주들이 할애비 할미 세배하러 오려나 보다
오냐 버스 간에 나가서 기다리마

어우름

아름다운 꽃을
넋 잃고 바라보다가
눈 껌벅거리는 사이
그 아름다움 사라지고
초여름 짧은 꿈을 바라보는 사이
무지개 사라지고
농번기는 지나가고 농한기는 왔지만
분별을 모르는 바보
그 어우름에 멍하니 앉아 있다

풍경 風磬

바람이 지나가나 보다
모양은 보이지 않지만
지나가는 흔적이야 감나무 잎이
알 텐데
골을 울리는 물소리에 묻혀
분간하지 못했는가
그런데
누가 저걸 만들었을까
뎅그렁뎅그렁
저 혼자 우는 걸 보면
주위에 아무도 없어
외롭다는 말이지

황사黃砂와 난향蘭香

용암서원 이상영이 주해注解한
'을묘사직소'를 읽다가
점차 책 속으로
눈과 마음이 푹 빠지는데
시선이 뒤로 돌아간다
친구로부터 선물 받은 춘란 한 포기가
돌아보라 하네
나는 문자향文字香으로 알았더니

창밖에는 황사가 창천을 희살하고
누런 바람은 산하를 요란한다
틈을 누리는 난향
상소문의 끝말은
매사이문昧死以聞*이다

* 상소문의 말미에 관용적으로 쓰던 표현, "외람되오나 죽을 죄를 범하여 아룁니다(매범사죄이언昧犯死罪而言)"의 뜻.

초우樵玗*

땔 나무나 하고
농사 짓던 사람
일찍이 선문禪門을
기웃거린 것을 앎으로
반야심경般若心經이 무엇이냐고
물었더니
아무 말도 없이 아무 표정도 없이
몇 년이 지나간 어느
은행잎 쏟아지는 날
얇은 책 한 권을 주었다
그 십 년 뒤 그는 저 건너로 갔다
원경 스님이 어느 날
무유공포無有恐怖라 써 주더니
그는 무어라 써 주었을지

*초우 : 농사를 지으며 글씨를 잘 썼던 사람의 아호.

서장序章

가만히 앉아 있으면
내가 보인다기에
올라갈 곳도 내려갈 곳도 없는
절처에 와보니
왜 그리도
옛날이 모두 찾아와
또렷해지니

나를 보기는
나를 잊기는
아무 생각 않기는
다 글렀다

그리운 몽당붓

팔십이 넘은 지 몇 년이지만
팔십이 넘으면 저절로 될 것이라는
생각이 허사虛辭인 줄 이제 알았네
칠언율시 한 마리 만드는데
사흘이 걸리는 게 예사라도
그게 무슨 시라고 시회詩會에 나가며
늘 안타까워

문상을 가는 날에는
아침에 사랑에 몇 분이 모여
시를 모르는 분의 것까지
만서輓書 한 마리씩 지어
걸개를 만들어 말아 가시는 걸 보고

흰 수염 나부끼면
흰 두루막 입으면
저절로 되는 줄 알았다

벼루에 물기만 있으면

몽당붓 뒤 번적여
만서 몇 수 휘갈겨 쓰시던
그 모습 저리게 그립다

겨울밤은 길다

한 해가 저문다
겨울밤이 온다
그 밤이 긴 이유를 몰랐던 것은
뉘우치지 못하는
때문이다
매섭게 춥지도 않고
어찌 나이를 날것으로 먹겠는가
서러운 달빛만
서리 밭에 차갑다

벌초伐草

잊을 수가 있겠습니까
일 년을 자라면 온갖 것이
덮이고 덮여 캄캄할 것 같지만
처서가 지나고
온갖 풀벌레는
겨울준비에 바쁩니다
당신의 할아버지를 찾던
할아버지는 다 가시고
제가 할아버지 되었습니다
이제 아들이 좀 먼 곳에서
제 할 일인 줄을 알고 찾아옵니다
마음에 들지 않으면 어쩌겠습니까
예초기를 달래도 안 줍니다
할머니 훤히 깎아드릴게요 한 약속은 멀리
구름 속에 던졌고요
바라만 보고 한쪽에
앉아 있어도 좋습니다
아버지 어머니 할아버지 할머니
모두 환하게 뵙고 재배 올립니다
대를 이어 찾아뵙겠습니다

산을 바라보며

푸른 하늘을 머리에 인
흔들리지 않는 숙명
근원이 솟아나서
작은 개울이 흘러 가재를 키운다
깊은 골은 구름 솟구쳐
감로수를 내려 대지를 생육했다
우레가 천지를 흔들어도
두려워하지 않고
낙락한 큰 나무로 땅을 가리어
한없이 길렀으나 자랑하지 않았다
그렇게 천명을 바로 세워
인자仁者로 의연히 자리하고 있구나

성선설

빗속으로 걸었다
칠십 리 팔십 리 백 리
지쳤다 배고팠다
한 무리의 사람이 쓰러졌다
비가 내렸다

한 무리의 사람이
구덩이 속으로 빗물과 함께 들어갔다

칠십 년
풀은 자라고 흙이 덮이고
눈이 쌓였다

아무도 보지 않았다
아무도 말하지 않았다
청천백일도 비구름 가려 보지 못했다

그래도 사람들은 맹자의 성선설을 읽는다

올가을의 무게 10kg

대보도 맛있지만
이평을 못 당해
산은 산으로 있고
구름은 산을 타고 넘는다
나무는 칡넝쿨에 감겨 죽어가고
내 힘이 줄어들 듯
알밤 수확량도 줄어들어
늘 보내던 분께
10킬로그램씩 선물하려고
맛있는 밤을 찾아다닌다
해거름 산의 8할은 구름에 갇히고
잘 먹게
잘 먹겠네
딱따구리 소리가
골을 울린다

우주홍황 宇宙洪荒

마당 가에 우주가 있다
가지 두어 포기만 길러두면
우리 내외 긴긴 여름 반찬하고
주말이면 오는
딸 며느리 따서 주고
넓다고 하랴
좁다고 하랴
누리호가 날아간 우주를
마당귀만 못하다 하면서
홍황한 우주
넓고 넓은 하늘 누런 대지를
살아있는
내가 누리네

입추

멀찍이 처서가
몸을 풀고 있습니다
오늘 밤은 열대야
너무 무덥습니다
먼저 가을을 생각해보라는
뜻일 테지요
밤은 깊어
풀벌레 소리 자지러집니다
곧 선산 벌초를 해야지 하며
먼 나라 여행 떠나듯
잠을 청합니다

자유로운 날

눈 오고 바람 불고 흐린 겨울도
바람 자고 따뜻한 날이 있다
이런 날 양지쪽에 볕 쪼이는 자유
내 논 한 떼기 없어도
누런 황금 물결치는 들녘을 지나면서
배부를 자유
집 뒤는 새들이 깃드는 대밭
삼간 초가집
사랑에는 할아버지 할머니
안채는 부모님 자식들 오순도순
할아버지 서가를 몽땅 들어내
폭서曝書하는 날 할아버지는 덕석가에 앉으셔서
졸고 계시는 평화를
배부르고 등 따습고 자유 평화 행복
이런 꿈을 꾸는 자유가
좋다

책

작년에는
서점을 찾아가서 서너 권씩 샀다
올해는 기웃기웃 구경만 하고 온다
읽을 시간보다
버릴 시간이 바쁘기 때문이다
읽을 생각을 버리지는 않았지만
때로 멍해지면
사립짝이라도 자꾸
바라보는 습관이
새로 생겼다

초추

서늘하다
지독히도 덥더니
이 말밖에는

날아가는
하루살이의 독백

추수

이방산 단풍 내려오고
감은 붉어
살랑살랑 흔든다
아침 들판이 하얗다
들깨 대를 막대 들어 두들겨 턴다
철 늦은
늦콩이 절로 터진다

근사하지 못해도

도구가 없어
주워 담지 못해
세 마리가 달아났다

잡지 못하는 사람 변명이지
다 놓치고
빈 쪽대 메고 돌아가는 사람아

천렵이
대 속청처럼 가냘파도
하얀 시집 하나 남기고 싶어

멀어도 맑은 향이 오는

연전에 자네가 먼 데서 왔지
큰 고무 다라이를 옛사람 석조石槽처럼
반쯤 묻어 모셨더니
아침 저녁 은은한
체취에 취하던 어느 날
하얀 봉오리가 솟아
바로 곁에 의자를 놓고 살았지
긴긴 겨울
얼면 어쩌나
눈이 내리면 어찌하나
바람들지 않게 비닐로 다독여 덮었지
아 올해도 잎이 한가득 피어서
벌써 은은히 취한다
꽃이 또 피면 어찌하랴
이제는 자네를 대하는 법을 알 것 같네
멀어도 향기가 찾아오는 것을

밤 얘기입니다

할아버지께서
무능한 손자가 먹고살라고
젊은 비탈에 밤나무를 심어 주셨습니다
손자는 60년을 밤을 땄습니다
수확이 많거나 적거나
어렵지만 자식 뒷바라지는 그럭저럭
80이 넘어가자 힘이 부쳐
줍다가 아무 데나 주저앉아
희미한 낮달을 쳐다 봅니다
다른 돈 버는 재주 없으니
알밤만 줍습니다
하늘에서 할아버지가
내려다보시고
그놈 어중간한 놈
한평생 고생을 지고 사는구나
하십니다

심의心醫

병을 고친다
약을 처방하는 것이 아니라
마음을 처방하여 병을 고친다

마음이 천 갈래 만 갈래 꼬여서
가시밭을 톺아 오다가
해질녘 동의전東醫殿* 앞에 선 사람

등에 진 짐이 너무 무거웠는데
사지를 뻑적지근 죄는 안개를 털고 싶었는데
내 마음 돌이켜 처방하면
활연회통豁然恢通

하늘이 높고 푸르다

* 동의전東醫殿: 산청 동의보감촌東醫寶鑑村에 있는 전각 이름.

3

무제

고모님께
  – 미리 쓰는 만서

그 산
그 사람
살려고 다닌 길은
산 보고 물 보는 유람 길과는 달랐습니다

첩첩이 쌓인 한은
이불 개어 장롱에 넣듯 접어놓으시고
어느 날 텃밭에 고추 따러 가시듯 가십시오
모두 다 강물처럼 흘러갑니다
옛이야기 도란도란
강물에 꽃잎 떠 가듯 띄워 보내시고
가십시오

멀지 않아
산도 사람도 이별도
다 제 길을 찾아갈 것입니다

공허한 명성

이 시대
명성이 ㅂ·ㅌ·ㅅ·ㄴ·ㄷ 보다 높을 수 있으랴
방ㄱ·ㄷ 씨로부터 전화가 왔다
독바구 양지 정령치 그 너머에서
유천서원 사계정사
아주 낮게 흐르는 사계 건너 명산집
50여 장의 시판詩板이 펼치는 너름새는
지리산의 우렛소리다
이보다 더 웅장하랴
득음을 토하는 B·T·S는 이제
방 방짜 방 씨 집안의 I·C·B·M이 되었지만
그 집안에 공명하지 못하면
어떻게 세계를 돌랴
어떻게 지리산에 닿으랴

꿈

이팝나무 사이로
해 저물고
흐릿한 공중으로
잠이 든다
가야 할 것 같은데
갈 곳 몰라

날짜 세기

고사리 꺾고
두릅 꺾고
그러다
남은 날 다 갈라

내 마당에

눈발을 뿌리며 봄이 시작하면
꽃들은 날씨를 가늠하며 계주를 벌인다
지조 높은 설중매도
기회를 엿본다
얼음을 녹인다는 복수초도
망설인다
수선화가 노랑 하양 잔치를 끝내고 나면
드디어 담장을 뒤덮는 황매화
모란이 지면 작약이
불두화는 연둣빛으로 맺은 꽃송이가
차츰 허공에 달덩이 같은 원을 그린다
봄이 깊어가면
자유자재로 온갖 꽃이 핀다
아무도 간섭 없는 하늘 땅
에라 모르겠다고 탄식하는 나는
아까 나그네가 주고 간
음료수를 속 시원히 마신다
나도 피어보자 난만한 봄을

노경 老境

할 일이 많다
살날이 많이 남은 사람처럼
뒤적인다

좋은 음악 그림을 보고
지난 쓰잘데없는 추억을
뒤적인다

바짝 해야 할 일이
산더미다
이 사람아

능소화

팔을 뒤로 젖혀 마루를 짚고
장마에 숨었다 일제히 일어나는
함성을 듣는다
미풍에 몸을 떨고 있는 것은
지나가는 바람 때문이 아니라
아슬아슬 가시 센 엄나무를 타고 올라온
내 역경이 겨워서이니라
가만히 눈을 굴리는 사이
온 골안에
매미소리 자지러진다

무제

토요일 아침 일찍이
아들 며느리가 병원으로 오라고 했다
차를 몰아 백 리 길을 달려갔더니
나는 척추
안사람은 무릎 고장이다
늙으면 이러구러 어그러지는 것

아들 며느리 가자는 대로 갔더니
큰 아웃렛 매장
여름옷이 좀 찜찜하더니
정장 한 벌 콤비 한 벌 주는 대로 널름
주워 입었다

다음 날 모꼬지에 가서
누가 날 안 쳐다보나 하고
구부정한 어깨를 펴보곤
혼자 옷섶을 만지며 피식 웃는다

부고

하늘에 별이 피기 시작한다
상문을 가야 하지만

방문을
열었다 닫았다
지갑을 찾는다
전화기를 찾는다

이 어른 뵌 지가 이십 년도 지났다
오늘 가야 뵙지도 못할걸
가면 뭘 해

산 사람이 산 사람 만나
어이 어이 하고 울다가
웃다가 헤어져 제 갈 길 갈걸

돌아오는 길은
별이 하나 더 늘어서
밤길이 환하다

산에 올라

오늘은
체력을 검사할 겸 산에 올랐다
다리가 후들후들
푸른 잎사귀들이 한들한들
너 무엇 하러 왔느냐며
퉁명스레 인사한다
퍼질러 앉았다
무슨 생지
무슨 소릴 하는지
잎새들 반짝이는 위로
여러 새 소리가 희살한다
가지 사이로 터져 나오는
푸르고 맑은 하늘이
나를 일으킨다

수액

몸의 칠 할이 물이란다
그 몸에 한발이 와서
수액 약액을 주렁주렁 달고
젖혀 앉아
또 물 한 잔 마신다
바싹 마른 건물을 바라본다
낮고 높은 산을 본다
멍하니 내일을 본다
이미 사람 속을 다니지 못하게
황폐해졌거늘
저 멀리 금산 대교 위를 달리는
황량한 달력

심심산골에 섬이 있다

쌓고 쌓아서
산이 되었다
낮은 곳으로 한은 흐르고
쌓인 한은 섬이 되었다

목숨은 버리고
세상을 바꾸려 했던
그 사람 뜻을 여기에 심었다

천하는 공물公物이라며
진안 죽도
심심산골에
섬 하나 만들었다

야생초

밭두렁 논두렁
집 주변의 땅에 흐드러졌던
방아 나물 엉겅퀴 강아지풀 머위
아직은 이름이 남아 있지만
금계국 코스모스 자리공
수입종으로 치장되고
고유의 풀꽃은 사라져가네
제초제에도 잘 견디는
칡넝쿨 띠풀
맥문동 개망초 들은
온갖 야생초의 무덤 위로
덮어 나간다
와사증 치료에 꼭 필요한 옥동우 풀은
어데로 갔는가
혹은 들을 피해 산으로 가
은둔한 유맹流氓이 되었는가
두메산골 임도에는 달맞이꽃 피고

오늘을 산다

내일을 모른다
그래도 자고 나면 내일이 온다
어떤 날은 날듯 상쾌하고
어떤 날은 우중충하고
어떤 날은 깊고도 무겁다
그런 날들이 쌓여서
평생이 간다
되는대로 살았다고 할밖에
타의로 이루어진 나날
용케도 행운이 결과되는 날
자연으로 결과 지어도
삼태기로 산을 쌓는 작업
이쯤 해서 마치는가

잣나무 바람

잣나무 가지 흔들린다
생전에 내외분이 겸상 밥 못 드시고
이제 솔바람 향내 맑게 날리는 기슭
나란히 누워계신 할머니
고조할머니는 멀리 구곡산 남수골
운무와 함께 계시고
짓무른 눈에 감태나무 잎 찧어 붙이시고
하늘 한번 볼 새 없이 늘 무표정
반짇고리와 골무와 인두는 늘 토방 언저리
한번 베틀에 오르시면
철그럭 소리 그치는 것 모르고 바람이 다녀가거나
호랑이가 대마루에 걸쳤거나
시어머니는 호랑이와 같이 어둔 밤새우시고
밤새도록 송단松壇엔 잣나무 바람소리

천장天葬

시작은 어디부터이며
끝은 또 어느 날입니까
사람이 사는 마을은 늘 사람이 삽니다
백 년을 못 살고 죽는데도
천 년 만 년 전 이야기가
입에서 입으로 쌓여
마을 뒤에 솟은 산이 되었습니다
그저 하던 대로 한 법을
인골적人骨笛을 불어 하늘로 보내던
이야기만 하고
다 잊어갑니다
늙은 사람 몇이서
이야기만 할 뿐입니다
언제 끝났는지 모르고
풍속이란 물 흐르듯 변할 뿐입니다
옛이야기라고만 하면서

향수 享受

누릴 줄 아는 사람은
행복하다
걸어 다니는 자유
가슴을 허공 향해 펴고
깊고 느린 숨을 쉰다
걸음을 걸을 수 없는 날의
가장 큰 소원은
저 푸른 하늘을 떠가는
구름을 보는 것
크게 숨 쉬고 걸을 수 있으니
얼마나 큰 복인가

황새

좁다란 마을 앞길의
가드레일 두드리는 소리가 시끄럽다
조용한 우리 집 내 귀를 울린다
할멈이 황새 쫓는 소리다
시끄러운 건 TV를 켜면 요란한
후쿠시마 바닷물에 빠진 정치꾼 소리
우리 논의 문제는 황새가
작년엔 두 마리더니
올핸 너덧 마리
몸집이 커서 올챙이 고동 주워 먹으려다
길고 큰 다리에 공격받아
연약한 모가 부러지니
무어라도 두드려 쫓는 것이다
이 산중의
먼 바닷물 소리는 내 안다
무식한 내 귀와
함수관계가 있을 터이니
네 이름은 황새냐 백로냐 직박구리냐
훠이훠이 한다고 쫓겨가지 않는다

눈 오는 밤

바람 소리
덜그럭거리다가
소록소록 눈이 내린다
우우 소리는 나지 않고
소록소록

할아버지 말씀 들린다
모두 삿갓 쓰고 나오너라
어머니는 호롱불
고모 누이와 큰 머슴 꼴댐이는
우장 입고
모두 밤 깊도록 대나무 흔들었다

오늘 밤
눈 내리는 하얀 어둠은 깊어가지만
뚝 우지끈 대나무 부러지는 소리 들리고
흔드는 사람 아무도 없다

작별의 편지

살아서 날 알아줄 이 없음이
슬퍼서
편지를 쓴다

떠난 이유가
탈 없어야 하는데

남에게 잘못한 일이
부모 형제에게 잘못한 일이
자꾸 밟히니
눈물로 후회하고 가는
내 일생을 알라고

철이 조금 들려고 할 때 간다고
저승에 가면 소식 전할 수 없으니
작별의 이야기 하려고
편지를 쓴다

풍성학려 계명구폐*

누가 말하기를
평양에 맥도널드 가게가 열리는 날
캄캄한 커튼이 걷히리라고 하더니
대동강 풀리는 소문 언제 오려나

ㅂ ㅌ ㅅ ㄴ ㄷ
ㅁ ㄷ ㄴ ㄷ
뜨거운 올해 세계의 여름
반소매 티셔츠에 오른 한글 자모
ＢＴＳ 세트
맥너겟 감자튀김 콜라
그리고 한국이 개발한 두 가지 소스
스위트 칠리와 케이준과 함께 목을 넘는다

바람 소리 학 울음 소리
닭울고 개 짖는 소리를
다 글로 쓸 수 있다는 백저伯睢**의 말을
6대륙 49개 나라가
쓸 뿐 아니라 읽기로 증명하는 여름

*풍성학려 계명구폐 개가득이서의 風聲鶴唳 鷄鳴狗吠 皆可得而書矣.
 바람 소리와 학 울음소리, 닭이 울고 개 짖는 소리를 다
 능히 쓸 수 있다.
**백저伯雎: 훈민정음해례를 쓴 정인지(鄭麟趾, 1396~1478)의 자字

술 좋아하는 사람

술 잘하는 사람에 악인이 없다는 말은
옳은 말이다
우리 마을 술 좋아하는 사람
그는 취하면 나를 찾아와
한 잔 달라 한다
소주를 대접에 부어놓고
눈이 빛난다
그리곤 술은 쳐다보지도 않고
동서고금과 이웃 사람 품평까지 한다
이전에 살았던 부산을 몇 왕복한다
내일이라도 삼천포로 가잔다
일체 비용은 걱정 말고 운전만 하란다
소주 두어 병 비우고 혀는 굽어도
걸음은 당당히 나섰지만
당장 오늘 저녁 집에는 잘 갔는지
이럭저럭 우리 마을
봄날은 간다
좀 귀찮은 사람이 있어서 좋다

4

아제아제 바라아제

가을 겨울

어째
평생을 연습만 했던가
발등을 열심히 내려보고 익힌
실패의 걸음
이제야 눈 들어 멀리 바라보니
가을이 겨울로 바뀌고 있다

넘어져도 엎어져도
오늘 하얀 서리 오고 나서는
멀리만 보고 걷기로 했다

가랑잎

소疏 명明 공空 철徹
거리낄 것 없다
텅 비고 드넓은 하늘로 날아간다
어디에 떨어져 무엇이 될지는
정한 바 없다
추운 겨울 오는데
모두 벗어 날려 보냈다
이렇게 개운할 수가

고향에 살다

살아온 이야기
살아갈 이야기
고향에 사는 사람이
고향을 그리워한다
구름이 둥둥 떠서
지나가고 나면
저 산 저 들 저 언덕 저 너덜겅
저 나무 저 숲 저 바람 소리

기다리지 않아도 지나간다

지저귀는 새를 안 것은
새가 떠난 뒤이다

꽃은
하늘로 오르면서 피지만
낙화는 땅의 잔치다

꽃 피고
새 울고
다 기억 속에 남아 있을 뿐
내일도 새는 지저귈지 몰라

날아가고 묻혔다고 사라지는가

한 움큼 남아 땅에 묻는다
날아가서 사라진다
타고나면 없어지는 줄 알았다
묻혀서 사라졌다고
날아가서 없어졌다고 알고 있었더니
나도 없어진 먼 훗날
다 살아온단다
흔적이 남아 돌아올 때
떠나는 날 흘린 눈물까지 살아나는 날
누구의 가슴에
멍으로 살아서 돌아온단다
없어지는 것도
잊히는 것도 아니란다

내 마음 바로잡기

죽 끓듯 하는 마음을
바로잡아야 하느니
내 과원에 창궐하던
개꽃 무더기가 미워서
파고 쪼아서 힘들게 들어내었는데
오늘 카톡 친구가 피워 보낸 개꽃이
참 아름답구나
나는 몰라라
미워하다가 그리워하는 마음
창랑의 흐림과 맑음 따라
발 씻고 갓끈 씻자는
어부의 노래나 부르며 살면 되지

내일은

저렇게 조용한 하늘
새는 새대로 무엇을 찾아 날고
벌은 벌대로
아주 낮게 꽃을 찾는다
개미가 무리져 여로에 나서는 것은
장마철이 올 징조
가는 것은 가고
오는 것은 온다

그러나
시를 쓰는 사람들아
조심하여라
시는 마음을 황폐하게 한단다

다음 장날의 장기帳記

비파나무 한 포기
마가목 두 포기
해당화는 세 포기
산수유도 심고 싶어 세 포기
회화나무 앵두나무
석류나무 모과나무 사다가 심어야지
집 앞뒤의 댓 그루 매화꽃은 지고
뒤안의 두 그루 목련 담 옆의 동백은
한창이지만
꽃이 지면 어쩌나
나목 가지가 찬바람에 부대끼는 날 오면
다시 봄을 기다려
장에 가서 만리향 자미화
사다가 심어야지

동창회에 갔더니

앞서거니 뒤서거니
모여들 듯
밥 먹기가 무섭게 가는 사람과
갈 생각은 않고
눌러앉아 이야기 속을 헤매는 사람
푸르게 찰랑거릴까 싶어
진양호로 가보았다
바다보다 좀 좁으면 어떠냐
저 드넓은 수면 위로
모락모락 피는
청동기의 아득한 전설
짙푸른 호수는 조용히
십 년 백 년 오천 년 만년
좀 길고 짜르긴 하지만
생각이 모두 빠져 캄캄한 속을
빙빙 둘러서 오는 사람도 있다

부동심 不動心

입춘 절 눈이 내리면
흔들리는 마음을 잡지 못해
비루먹은 말을 타고
저 언덕을 넘어
더 늦기 전에 찾아가야지
그 언덕바지에는
아마 눈이 덮인 가지에
따스한 작년 봄의 마음을 가진
네가 흔들리지 않고
추위에 떨면서도
눈을 맞으며
나를 기다리고 있으리
흔들리는 마음 붙잡아 줄
부동심으로

산골 사람 별곡

9시 뉴스 전에
뚜 뚜하며 초를 읽는다
그러려니 했는데
1초의 더미에 바람이 훅 분다
쌓여가는 시간 위에 느리게 드러누워서
세월이 성큼 가는 줄 몰랐다가
찬바람 맞아 조락凋落하는 밤에야 일어났다
천근의 무거운 커튼을 들어 올리고
커피 한잔을 마신다
허벅지로 내려앉은 쥐는
언제 나가려나
방은집方隱集 발문跋文을 썼다
사립 밖 보안등 위에 달이 진다
초겨울 밤 바람이 차다

생애

생애라는 말을
긴 세월이라 생각했다
역사라는 말을 빙의憑依했다
밤나무 산에 제초작업 하다가
너무 찌는 듯 더워서
농로 위에 퍼질러 앉아 쉰다
무심코 길바닥을 내려다보니
조그만 개미들이
쉬지 않고 일한다
한 놈은 제 몸보다 큰 벌레를 물고
한 놈은 꽃 이파리 마른 것을 물고
제집이 얼마나 먼지
도중에 쉬는 모습은 볼 수 없다
저 노동이 끝나는 날을
한 생애라 할 수 있겠으니
춘추를 읽으려다 접었다

시한부 時限附

9월 20일 비가 내린다
비를 따라 찬 바람이
우리 오두막으로 찾아오겠지
77세 단성향교 전교가
경운기 사고로 죽었다
향을 피우고 떠나는 영혼을 위로했다
조만早晚의 차이뿐이다
나는 귀대날짜를 잊은 휴가병 같아
처마 밑에 앉아 보니
앞산은 안개 하늘은 어두컴컴
빗방울 사이 잰걸음으로
집 안으로 들어왔다
살려 애써야 한다 *

*뽈 발레리, 해변의 묘지

여인숙

난들 왜 마음이 없겠습니까
조금씩 철이 들자 떠날 때가 된 것을 압니다
살아온 일이 부끄러워서
산으로 들어가 알밤을 줍습니다
기심機心을 없애는 것은
논농사보다는 알밤 농사가 좋습니다
누구는
세상 사람이 다 취해 있는데
나만 깨어 있고
세상이 온통 흐린데
나 홀로 맑아 있다고 항거하지만
마음 다독여
맑은 냇물에 갓끈을 씻고
흐리면 발을 씻읍시다

세상이 어디 뜻대로 됩디까
자고 나면 떠나갈 것입니다

환승역

어디서 와서 어디로 가는가
출발지도 행선지도 모르지만
나그네들은
모두 이 역을 거쳐 간다
밤머리재를 구불구불 가다가
굽이가 멈칫 쉬는 길가에
환승역이 있다
언제일지 몰라도
대개는 이 역에 내려서 갈아타야 한다
아무도 돌아온 이가 없어서
종착지는 알 수 없지만
그 아득한 곳으로 가기 전에
이 환승역에 잠시 쉬었다 가는 것이
좋다고 하자

답사 사진

근래에는 주로 타임머신을 탄다
내가 태어난 후의 일도
잘 모르고 살아가지만
시비가 분분한 오늘보다는
백 년이나 천 년 전의 풍경이
멀찍이 벽화처럼 창밖에 나타나
감정이 식어서 좋다
통분하면 가슴을 치고
통쾌하면 무릎을 치면 된다
역사가 찬란하기만 하랴
저녁 먹은 후 T·V 화면의 그림이
방금 보았던 사백 년 전 일 같다

오늘 가 본 탁계* 선생의
춘강정春江亭 용마루를 기던
칡넝쿨이 휴대폰 화면 밖을 나온다

*탁계濯溪 全致遠(1527~1596) 학자, 명필, 임란 창의장.

아제아제 바라아제

나는 강을 건널 수 있을까
내 어릴 적
신촌 어른 성환진 씨는
강물이 불어 어깨까지 와도
옷을 벗어 머리에 이고
마가목 작지 짚고
물을 가늠하여 약간 대각선으로
살 선넜나 건너서는 옷을 털털 털이 입고
자기 길을 갔다
물론 오래전에 와석종신臥席終身 하셨다
보통 사람은 아무리 바빠도 큰물 지고
며칠을 기다리다 강을 건넜다
지금 사람은 잘 건널까
다리가 끊어지면 어쩌나
그래도 건너가는 방법이 있으리라
아제아제 바라아제 바라승아제 하면서

5

매화를 찾아간다

김규정 시인

그의 아호는 청하淸河
올해가 미수米壽다

2004년 첫 시집은 『바람의 흔적』
이어서 『노송의 독백』, 『집으로 가는 길』
『설산』, 『억새』, 『낙서』, 『고향』
2022년 『넋두리』로 8책

해설을 쓴 김남호 시인은
'씩씩하고 용감하다.'
'밝고 건강하다'
그리고
'짧은 비수처럼 날렵하고 예리하다'
라고 했다

놀랍다
곧 새 시집이 나오길 기대한다

상달 진주 남강 물 위로
흐르는 달을 보리라

한가위 달을 보아야지 생각은 했었지만
괴로워 그냥 퍼져 잤다
아침 일찍 절사를 아들 며느리 손주와 늘어서서
갓 쓰고 도포 입고 정성껏 모시고 나서
명랑한 가을볕 맞아 반짝이는 알밤 주우러
큰 뻔덕 밤 산으로 갔다
오후 늦게 딸 내외가 와서 같이 주웠다
밤값은 제법 나가지만 허리 아프고 피곤하다
열엿새 날에야 구름 속의 달을 보았다
달은 뜨고 지고 차고 이지러진다
상달 유등축제 열리면 진주 남강으로 가서
물 위로 흐르는 빛나는 달을
누각에 올라 휘황한 등불을 보리라

꽃잎 지는 봄날의 외출

안계리 직방재 앞길에서 망설인다
청암 유강네 산막으로 갈까
도천서당으로 갈까
바로 가면 북천 이병주 문학관을 거쳐 하동으로 가지만
쭉 뻗은 길옆은 직방재 저 골짜기 멀리 모한재가
보일 듯 말 듯
해산한 여자 얼굴처럼 푸석푸석 볼그족족한
벚꽃 자루가 남은 꽃잎을 흩뿌리는 행로를 가다가
월횡 마을로 마음을 잡는다
조월고가 떠난 뒤에도 달은 비끼고
다 어디로 떠났을까 저쪽에 함월정이 남았구나
밤이면 못에 달빛 잠겨 벽에 걸린 시판이 어른거리겠지
대밭 위로 유유히 달은 지나가겠지
조선 초 삼대로 네 분이 시호를 받은 어른들을
향사하는 집
이름은 도천서당 도가 냇물로 흐르는
도덕천이 마을 앞을 감싸 안았다
마당 속에는 천류불식川流不息이라 새긴 돌이 서 있네
도천서당 봉권封圈을 마치고

청룡리 옥종명가에서 점심을 먹었다
거댓골 계남 최숙민의 마을은
여순반란사건 때 소개疏開로 쫓겨가서
세상 물정 모르고 놀던 기억
한없는 한만 마을 어귀에 둥실 떠 있데
그냥 지나올 수밖에 없었지
의병장 최기필의 두양 마을을 지나
진백곡의 자실을 거쳐 진주 심헌 집에 가서
덕문정 중수 기문 글씨를 받아왔다
그리 멀지 않은 길을 지나가며 여러 일을 보고
저물게 집에 돌아와
뒤안길을 휘적휘적 두릅 몇 꼬타리를 땄다.
저녁 반찬으로 데쳐서 초장 찍어 먹어야지
그래 봄날 하루가 갔다

샘물이 솟아나서

–대원사 계곡

물과 바람은 길이 같다
진주 덕산 덕천강
강을 따라 산으로 산으로
연원을 찾아가면
산청군 삼장면 유드리
대원사 천년
푹 삭은 바람이 솔솔
물이 졸졸 내려온다

종소리 북소리 목어 우는 소리
바람도 가시덤불 만나면 멈칫한다
큰 소나무 만나면 쉬었다 간다
물은 큰 바위 휘돌아 나갈 땐
힘들어 솨솨 큰 숨 쉰다

올라가면 내려오는 근원
가야가 왕머드리 소막골 지나
망생이골 망바위 거쳐
왕등재에 잠들었다

신라와 백제가 다 스러졌다

흘러서 남강 되고 낙동강 되고 대양 될 줄
천왕봉은 알았다
큰 일은 메기 춤 같은 샘물이
근원하여 일어난다
마침내 대해가 되고
대천세계가 되느니

경주에 가서

경주에 가서
십 년을 살아보고 싶다고 말한
사람의 뜻을 알았다
천릿길을 달려 신라로 진입해서
금오산 흙냄새 솔바람 냄새 맡으면 안다
월명 스님 차향이 날아와 코에 앉는
황남동 돌무지덧널무덤의 2020년 여름
관곽 위로 흙자갈
두껍게 덮은 총묘는
새벽 안개에 싸여 산책하다 언덕에 오르니
삭은 세월뿐이다
육신은 스미어 사직도 사라지고
비빈들은 찬란한 장신구로
천 년의 잠에서 깨어 일어나
만나는 것은 텅 빈
녹슨 꾸미개뿐이다
내 일박 이일로 하늘 바람 산 돌 더듬어
무얼 알겠나

동트면

동트면 논으로 간다
논이든 밭이든
가면 할 일이 있다
지는 달
뜨는 해와 이야기하러
가는 게 아니라
달은
해는
지 갈 길 가고
나는 논만 보고
밭만 보고
왔지

누드 쇼

어느 해 여름이 다 가지 못하고
산비탈에 흐느적이고 있는 때
12대 조고 감찰공 묘소에 성묘 가던 날
적나라한 누드 쇼를 보았다

사람들은 훌러덩 벗는 것을 좋아하는 것이 아니라
민망憫惘해 바로 보지 못하고
훔쳐서 보는 것을 좋아한다
정실한 사람은
남의 눈을 의식해 은밀히 누드를 한다

누드 쇼라는 영상을 보았다
입은 옷을 하나 하나 벗더니
마지막 남은 살까지 다 벗고
앙상하게 뼈만 남겨둔다
마지막 보일 것이 그것뿐인가

성묘 가는 길은 소전골*을 지난다
종당엔 죽을 줄 알았으리

큰 구덩이를 파고 두 팔을 뒤로 묶이고
총총히 꿇어앉았으리
발 다리뼈 위에 갈비뼈 두개골
양팔 뼈는 등 뒤로 가지런하다
두개골은 똑같이 함몰되었다
혼은 벌써 떠났으므로
저항 한 번도 없었는가
어린이 소년 청년 노인 남자 여자
어디서 와서 무슨 인연으로 1200여 명이
누드 쇼를 하고 있는가
아무것도 모르는 것이 좋다 아무 말도 말아라
머리에 총알을 먹인 사람도 맞은 사람도
분명한 것은 모두 한국 사람 모두 일가였다는

* 소전골: 산청군 시천면 외공리의 한 골짜기. 어디 사는 사람이 무슨 일로 왜 와서 죽었는지 아는 사람이 없다. 1950년 겨울에 일어난 사건이라고 주민들이 말한다.

만락재晩樂齋를 짓고

집을 지었습니다
하언재何言齋라 이름 지으려다 고쳤습니다
사시四時가 운행하고 만물이 생장하나니
천리天理가 발현發現하여 유행流行하는 것이
어찌 하늘의 말씀을 기다려 이루어지는 것이겠습니까?
하늘을 우러르면 부끄럽고 효제孝悌는
후회後悔만 남았습니다
기른 덕德이 없어서 끼칠 것도 없습니다
어느 날 어진 벗이 찾아올까
세상을 위해 무슨 사업을 하였는가
이 집을 지어서 조상을 정성으로 모시고
홀로 착한 것을 추구하렵니다
자식들이 내 뜻을 깨달아
즐기는 것이 무엇인지 알아주기 바랄 뿐
내 만년晩年의 즐거움을 여기서 찾고자 합니다
고인이 그리워 가슴 먹먹할 땐 탄식하기도 하고
좋은 책을 읽다가 흥기興氣하면 휘파람을 불기도 하렵니다
우러러보면 하늘이 있고
굽어보면 땅이 있다

그중에 내가 있으니
조선祖先을 받들고 후손과 함께하리라
낙천자樂天者 보천하保天下라 하니
잔명殘命을 이 집에 의탁依託하리라

사람도 꽃을 피운다

꽃피지 않는 나무는 없다
꽃 없는 과일이란 무화과는
아무도 모르는 마음속에 다디단 과육을 태워 핀다
사람도 저마다 꽃을 피운다
이제는 힘없는 다리를 끌고
안방 깊이 들어가 누워 있지만
마당의 찬란한
한 포기 꽃을 그리워하고 있지만
막이 내리려 하지만
한때는 찬란한 향연을 벌였느니라
갈채가 하늘에 꽉 차진 않았어도
아름답다 했느니라
무화과도 꽃이 피거늘
눈여겨 보아라
나무만 피는 것이 아니라
비알의 온갖 풀도 꽃 피고
잘난 사람도 못난 사람도
제각각 아름답게 꽃이 피느니라

어떤 일생
― 분봉分蜂

여기서 그만두는가
웅웅거리는 기상은 몽골 기병대 같았다
하늘을 누렇게 날아
삼간 창하재 풍판 밑으로 엉기어
하루 이틀 사흘
소란이 끝나고 한 달 일 년 이 년
무슨 일이 있었을까
뒤란의 붉은 동백꽃 뚝뚝 떨어지던 어느 날
방 천장에서 꿀이 흐른다
뚝 뚝 닷새 엿새 이레 그리곤 조용했다
나는 천장을 바라보며 드러누웠다
그렇게 부지런한 생애가
저렇게 끝났구나
내 증조부님 재실 천장 속에서
네 일생 사업을 마쳤구나

우산을 쓰고

날씨를 믿을 것 아니다
비가 내린다
우산을 펴고
저 하늘을
어깨가 약한 내 오른팔로 버겁게 치켜든다
한 조각 천으로
대지를 석권하는 권능을 가리겠는가
촌각의 여유를 주지 않고 바람이 들이쳐
마침내 우산 아래로 숨었던 전신이
노략 당한다
힘겨워도 저 우산 하나로
비바람을 피하려 하느니

자유와 향수와

자유를 아느냐
그때 어떻게 살았을까 생각하는
아련한 향수를 느끼는
지금은 흙이 되고 없는 누이동생
고종사촌 이웃집 친구
그리움이
지독히 추운 겨울밤에 봄날 뒷동산의 바알간
참꽃을 그리워하듯
아무나 알지만 참으로 알지는 못하는
저 푸른 하늘에 떠가는 구름
그 아래 크게 숨 쉬며 살아있는
이제 무얼 바랄 일 없는 사람
오 고향 생각나듯 그리운 사람 그리워하는
목련꽃 피는 우리 집의
하늘 아래의 자유로부터

적란운積亂雲

평화로운 하늘
가장 중정中正한
가장 평정한 한가운데라고
방심하지 마라
쌓이고 쌓이면
적란운이
터질 듯 핀다
그 한이 폭발하는 날을
하늘을 두려워할 줄
알아야 한다

무료함을 위안한다

바쁜 일상을 진행하다가도
자투리 시간이 있다
먼 산 한번 바라보고
매화나무 근방을 서성인다
멍하다가 그 꽃잎이 얼굴 스치면
소스라쳐 바빠진다
지갑도 전화기도 버리고
차를 몰아 떠난다 하늘은 푸르고
봄을 태워 돌아온다
저물어 무사하게
집으로 돌아온다
불안한 하루가
한없이 편하다
매화향이 빈 차 안을 돈다

겨울 낮의 평화

영상 5℃
하늘엔 구름 한 점 없다
강아지는 발밑에 드러누워 낮잠을 잔다
곶감은 시렁 위에서 마른다
햇볕이 따스하다
양지쪽 댓돌에 털썩 주저앉았다
허중산은 편안히 꿈적 않는다
까치 한 마리가 은행나무 위로
날아오르며 깍깍 운다
참새는 동백나무 가지 사이에 앉아
단조로운 노래를 부른다
댓잎이 서걱거린다

논갈이 밭갈이

한창 젊을 때는
경운기를 몰아 열두 마지기를
하루아침에 장만해서 모를 심은 적도 있지
이제는 논일하는 전문인에게 다 맡기지만
논 가에 서서 구경하는 일도 버겁다
오늘 신문을 보니
몽촌토성에서 고구려 쟁기가 나왔단다
트랙터도 고장 나고 경운기도 처박히는데
보습도 없는 저걸로 부러지고 꺾어져
어찌 밭을 갈았을꼬
괭이도 없고 호미도 없을 때는
손으로 후비고 파서 농사지으며 살았을까
어쨌든 그 많은 세월을
할아버지 할머니를 묻은 땅을 다시 파고 묻으며
씨 뿌리고 모심어 살아온 멀고 먼 후예
나는 농민이로소이다

매화를 찾아간다

입춘절
함박눈이 내린다
눈 오는 행길에는 맹호연*의 나귀만 못한
자동차를 버리고
걸어서 가자
아마 너덧 시간이면 되리라
1487년 9월 27일 남추강**이 걸어서 넘었던 고개
누구네 반쯤 기울어진 담부랑 가
집은 어디론지 바람 타고 가고 없고
대나무가 침략해 들어오는 변경
산청 둘레에서는
맨 먼저 피는 홍매화
그 꽃이 보고 싶어 걸어서 가리라
제멋대로 휘어진 대나무에 부대끼어 조금 가련한
그래도 해마다 찾아오는
약속의 꽃
그를 만나러 가리라
혹시 어떤 사람이라도 찾아 왔으면
그와 더불어 정다운 이야기라도

실컷 하고 추위에 떨다
터벅터벅 돌아오리라

*맹호연孟浩然(689~740): 당나라 시인. 호는 녹문거사鹿門居士. 조선 때의 화가 심사정沈師正(1707~1769)이 그린 파교심매도灞橋尋梅圖가 유명하다.
*남추강南秋江(1454~1492): 이름은 효온孝溫, 추강은 호. 저서 『지리산일과智異山日課』에 이곳을 거쳐 지리산을 유람한 기록이 있다.

정맥고풍변이 돌에 새겨지다

2023년 10월 26일 비碑가 섰다
1606년 가을도
오늘처럼 맑고 따스했을까

"나보다 노선생老先生을 존경한 사람 없을 것"이라한
한강寒岡이 동강東岡의 만사輓詞를 지었는데
퇴도정맥종천모退陶正脈終天慕
산해고풍특지흠山海高風特地欽이라했지
내암來庵의
정맥과 고풍을 변별辨別함이 장강대하長江大河로 넘실댔다
설마 한강이 두 선생의 도덕을 등급 내려 했으랴
세상은 내암의 한恨이 탱천撑天했음을 알고도 입 닫았던가

2003년 2월 22일 벽재碧齋가 싹실 진주하씨
지하 서고에서 찾았네
그 글이 돌에 새겨졌다
가야伽倻면 전시관 마당의 화강암 빗돌이 빛난다

부음정孚飮亭 청람사晴嵐祠에 한참을 서 있다가
묘소에 절하고 사촌篒村 마을을 한 바퀴 돌았다
가을 날씨가 따스하다

해설

관조와 성찰의 아취

조구호(문학평론가)

1.

조종명 시인의 다섯 번째 시집 『꽃잎 지는 봄날의 외출』을 읽으며 『논어』의 '욕기영귀(浴沂詠歸)'가 떠올랐다. 공자가 '자로(子路)', '증점(曾點)', '염유(冉有)', '공서화(公西華)' 등 네 명의 제자에게 만일 너희를 알아주는 군주가 있어 뜻을 펼칠 수 있다면 어떻게 하겠느냐고 하자, '자로'·'염유'·'공서화' 등은 평소에 품고 있던 자신들의 포부를 말했는데 증점은 그들과 달리 말했다. 증점은 "늦은 봄에 봄옷이 만들어지면 관을 쓴 어른 5~6명과 동자 6~7명과 함께 기수(沂水)에서 목욕하고 무우대(舞雩臺)에서 봄바람을 쐬며 노래하다가 돌아오겠습니다"라고 하였다. 그러자 공자가 감탄하며 "나도 증점과 같이 하겠다"고 했다.

이에 대해 주자는 다음과 같이 평했다. '증점의 학문은

인욕(人欲)이 다한 곳에 천리(天理)가 유행하여 곳에 따라 충만하여 조금도 결함이 없으며, 현재 자기가 처한 위치에서 그 일상생활을 즐기는 것이었을 뿐 처음부터 자신을 버리고서 남을 위하려는 뜻은 없었다. 그리하여 그 가슴 속이 한가롭고 자연스러워 곧바로 천지 만물과 더불어 위아래로 함께 흘러간다'라고 하였다. 이러한 주자의 평가 이후 퇴계 이황, 하서 김인후 등 많은 선비들이 증점의 삶을 선망하는 시문을 남겼다. 관직에 나가 자기의 포부를 펼치기보다는 자연에서 유유자적하는 삶을 더 선망하고 지향했던 것이다.

자기가 처한 일상을 즐기며 자연과 더불어 유유자적하는 삶은 퇴계를 비롯해 많은 선비들이 선망했지만 아무나 쉽게 할 수 있는 것은 아니다. 도연명의 「귀거래사」에서 볼 수 있듯이 부귀에 마음이 흔들리지 않고, 책을 읽고 시를 지으며 한가롭게 지낼 수 있는 정신적 능력이 있어야 한다.

조종명 시인은 이미 시집(『소나무는 외롭지 않다』(2004), 『긴 길에서 만난다』(2010), 『우루목의 비가』(2017), 『천년의 자유』(2020)), 수필집 『남명의 후예로 살아가기』(2022) 등을 출간한 원로 시인이자 문필가이고, 한시(漢詩)도 짓는 한시인(漢詩人)이기도 하다. 뿐만 아니라 동양고전과 유교의 범절에도 밝아 여러 유소(儒所)의 헌관으로 초빙되는 덕망과 식견을 갖추었고, 남명 선생의 후손으로 문중의 대소사에도 중추적 역할을 하며 전통문화의 보존과 계승을 위해서도 노력하는 지역의 원로이다. 이러한 시인의 덕망과 경륜, 그리고 온축된 필력(筆歷)은「귀거래사」의 저자와 같이 자연과 더불어 유유자적하며 여생을 보내는데 부족함이 없다고 하겠다.

2.
『꽃잎 지는 봄날의 외출』은 많은 작품들이 일상생활을 즐기며 자연과 더불어 유유자적하는 삶을 담고 있다. 그렇다고 이미 출간한 네 권의 시집에서 강조했던 '낙선호의(樂善好義)하고 독선기신(獨善其身)'한 선조 남명 선생의 고매한 정신을 흠모하는 것에서 벗어났다는 것은 아니다. 시인은 앞의 시집들에서 강조했던 것을 그대로 이어가면서 유유자적하는 노년의 원숙한 모습을 보여준다. 논어의 증점이 즐기고자 했던 자연에서 유유자적하는 삶을 오랜 시력(詩歷)을 바탕으로 담아내고 있다.

> 이 집을 지어서 조상을 정성으로 모시고
> 홀로 착한 것을 추구하렵니다
> 자식들이 내 뜻을 깨달아
> 즐기는 것이 무엇인지 알아주기 바랄 뿐
> 내 만년晩年의 즐거움을 여기서 찾고자 합니다
> 고인이 그리워 가슴 먹먹할 땐 탄식하기도 하고
> 좋은 책을 읽다가 흥기興氣하면 휘파람을 불기도 하렵니다

우러러보면 하늘이 있고
굽어보면 땅이 있다
그중에 내가 있으니
조선祖先을 받들고 후손과 함께하리라
-「만락재를 짓고」 부분

 위 시에서 보듯이 시인은 '세상을 위한 큰 사업'이나 '후세에 이름을 남기기 위해' 발버둥치지 않고, '홀로 착한 것을 추구하며 조상을 정성으로 모시고 좋은 책을 읽으며' 스스로 즐기는 것으로 만족하고 있다. 세상의 명리에서 벗어나 자연과 더불어 유유자적하는 삶은 자칫 세상을 벗어난 탈속의 삶을 추구하는 경향도 있는데, 시인은 조상을 섬기고 후손을 돌보는 사람으로서 지켜야 할 도리에 충실하고자 한다. 특히 시인은 조상을 섬기는 일은 강조하고 있다. 그것은 자신의 근원을 잊지 않고 조상과 부모로부터 받은 은혜에 보답하는 사람으로서 해야 할 도리에 충실하겠다는 것이고, 또 시인이 조선시대 선비의 표상으로 존숭 받는 남명 선생의 후손으로 부끄럽지 않은 삶을 살겠다는 것이다.
 시인은 이미 출간한 네 권의 시집에서 남명 선생의 후손으로 부끄럽지 않은 삶을 살고자 하는 마음을 피력한 바 있다. 『소나무는 외롭지 않다』의 「신명사명(神明舍銘)」, 『우루목의 비가』의 「만락재서」, 『천년의 자유』의 「논어를 읽으며」 등 여러 작품에서 시인은 남명 선생의 고매한 정신을 흠모하며 그것을 본받고, 또 그것이 후손들에게 이어지기를 염원하는 마음을 노래했다. 그런 시인의 마음은 이번 시집에서도 크게 다르지 않다. 시인은 시 「만락재를 짓고」에서 보듯이 "우러러보면 하늘이 있고/ 굽어보면 땅이 있다"며 세상 어디에도 부끄럽지 않은 삶을 살고자 한다. 하늘과 땅, 그 사이에 서 있는 사람으로서 자기 자신을 지키려고 했던 것은 남명을 비롯해 조선시대 선비들이 지향했던 삶이기도 하다. 『중용』에서 '군자는 남들에게 보이지 않는 것에 더욱 경계하고 신중하며 남들에게 들리지 않는 것을 더욱 두려워한다'고 했듯이, 시인도 보는 사람이 있든 없든 조상과 후손에 부끄럽지 않은 삶을 살고자 하는 것이다. 그러면서 '좋은 책을 읽다가 기분이 흥하면 휘파람도 불며' 스스로 즐기는 여유와 흥취도 누리고자 한다. 고매한 아취라 하겠다.

안분자락하며 자연을 관조하고 완상하는 아취는 시집 『꽃잎 지는 봄날의 외출』에서 볼 수 있는 중요한 특징 중의 하나다.

> 복돌이 데리고
> 아침 소풍을 나선다
> 밤나무 백일홍 노나무 열병閱兵하듯 지나간다
> 아래 논 금산 할머니 안녕하세요
> 위 논 정교장 좋은 아침

무논에는 청산이 얼룩덜룩
개구리는 한하운 조로
가 갸 거 겨 그 기 고
읽다가 뚝 그친다
풋감 하나 떨어져서
지축을 울리므로

- 「유월 중순 아침」 전문

한가로운 시골 풍경이 눈이 그려지는 듯하다. 「귀거래사」의 유유자적하는 모습과도 흡사하다. '밤나무 백일홍 노나무' 등이 늘어선 길을 지나 아래 논의 금산 할머니, 위 논의 정 교장을 만나 인사를 하고, 산 그림자가 얼룩덜룩한 무논에 이르자 울어대던 개구리들의 울음소리가 그친다. 시골 어디에서나 볼 수 있는 풍경이다. 작품에서 그려진 시적 화자는 자연에서 한가롭게 노년을 보내는 시인 자신의 모습이 아닌가 싶다. 시인은 고등학생 시절에 문우들과 시집을 엮어낸 것에서도 알 수 있듯이 일찍부터 문학적 자질이 남달랐고, 예순이 넘은 2004년 첫 시집을 출간한 이후는 꾸준하게 시작 활동하여 2023년에는 현봉문학상을 받은 지역의 원로 시인이다. 그리고 몇 년 전 노년의 삶을 즐기겠다고 만락재(晚樂齋)를 지어 현판도 걸었다. 그런 시인의 모습이 시 「유월 중순의 아침」에서 묘사된 바와 크게 다르지 않은 것이다. '보리피리'로 유명한 한하운 시인의 '피-르 닐니

리'하는 시구를 흉내 내어 개구리들이 "가 갸 거 겨 그 기 고"로 글을 읽는다는 표현도 재미있고, '풋감 하나 떨어져서 지축을 울린다'는 과장도 어색하지 않다. 자연에서 유유자적하는 모습이 잘 그려진 작품이라고 하겠다.

 다음과 같은 작품도 자연을 관조하고 완상하는 아취가 잘 드러난다.

> 한 평 가웃
> 방울 물이 모여서
> 소금쟁이가 뜬다
> 낙엽이 뜨고 구름이 뜨고
> 소년이 살고 노인이 살고
> 회오리바람이 일어나고
> 우레가 인다
> 해가 뜨고 지고 달이 뜨고 진다
> 눈이 오고 비가 오는
> 나의 사랑舍廊 앞
> 작은 연못
>
> ―「둠벙」 전문

 위 시는 한 평 남짓한 둠벙을 통해 자연을 관찰하는 눈과 그것을 문학적으로 그려내는 솜씨가 예사롭지 않다. 사물은 새롭게 보는 눈에 의해 새로운 의미가 발견

된다는 것은 누구나 알지만, 그것을 작품으로 형상화하기는 쉽지 않다. 사물을 새롭게 보기 위해서는 일상에서 접하는 사물들을 예사롭게 보지 않고 면밀하게 관찰하여 그 특징을 새롭게 읽어낼 수 있어야 하고, 그것을 문학으로 형상화하기 위해서는 문학의 특징에 맞게 언어를 구사해야 한다. 아무리 새롭고 신기한 것을 보았다고 해도 그것을 문학의 특징에 맞게 언어를 구사하지 못하면 문학성을 담보하기 어렵다. 시「둠벙」은 한 편 남짓한 둠벙에 '낙엽이 뜨고 구름이 뜨고', '해가 뜨고 지고 달이 뜨고 지고', '회오리 바람이 불고', '우레가 이는' 자연의 변화와, 그 둠벙과 더불어 사는 소년과 노인이 한 폭의 그림처럼 어우러진 시적 공간을 그리고 있다. 시적 언어에 의해 형상화된 공간은 초월적인 공간이면서도 현실과 동떨어지지 않아야 문학성을 담보하게 되는데, 시「둠벙」은 한 평 남짓한 둠벙을 시적 공간으로 잘 담아내고 있다.

이 작품 외에도 『꽃잎 지는 봄날의 외출』에는 자연의 변화와 일상에서 접하는 사물의 특징을 잘 관찰하여 문학적으로 형상화한 작품들이 많다. 「매화 꽃잎 지는 날」, 「쌓이는 눈은」, 「푸른 나무 푸른 하늘」, 「어우름」, 「풍경」, 「산을 바라보며」, 「입추」, 「내 마당에」, 「능소화」, 「산에 올라」, 「야생초」「잣나무 바람」, 「황새」, 「눈 오는 밤」, 「가을 겨울」 등 많은 작품이 자연을 관조하며 완상하는 내용을 담고 있다.

3.
『꽃잎 지는 봄날의 외출』에는 삶을 반추하며 성찰하는 작품들도 눈길을 끈다.

> 한 해가 저문다
> 겨울밤이 온다
> 그 밤이 긴 이유를 몰랐던 것은
> 뉘우치지 못하는
> 때문이다
> 매섭게 춥지도 않고
> 어찌 나이를 날것으로 먹겠는가
> 서러운 달빛만
> 서리 밭에 차갑다
>
> —「겨울밤은 길다」 전문

겨울밤이 긴 이유가 '뉘우치지 못하기' 때문이라는 구절이 돋보인다. 쉽게 나올 수 있는 표현이 아니다. 오랜 시작활동과 삶에 대한 깊은 성찰에서 가능한 것이다. 시인은 이미 출간한 네 권의 시집에서 삶에 대한 깊은 성찰을 보여준 바 있다. 여든에 출간한 네 번째 시집 『천년의 자유』(2020년)에서 "옛 어른을 생각하면/ 나의 무지가 심해보다 깊구나"(「가을의 논어 읽기」)라고 하며 스스로 반성하고, "하늘도 강물도/ 바르게 올바르게 살려고 때로는/ 아프게 제 몸을 때리는가"(「바르게 살아가려고」)라며 책을 읽는 시간이나 자연을 관조하는 때에도 스스로 성찰하고 점검하는 자세를 잃지 않았다. 이런 삶에 대한 성찰에서 긴 겨울밤의 매서운 추위도 '나이를 날것으로 먹는 것이 아니라는' 각성의 기제가 되고, '밤하늘에 뜬 달'도 '서러운 모습'으로 환치된다. 간결하면서도 울림의 여운이 긴 작품이다.

 이번 시집에서 많은 작품들이 삶을 반추하며 성찰하는 내용을 담고 있다. "사는 날까지 심판받듯/ 소임대로 살려는 것임을 알겠구나"(「정명」), "두려워하지도 말고/ 자랑하지도 말고"(「푸른 하늘」), "그렇게 천명을 바로 세워/ 인자로 의연히 자리하고 있구나"(「산을 바라보며」), "병을 고친다/ 약을 처방하는 것이 아니라/ 마음을 처방하여 병을 고친다"(「심의」), "남에게 잘못한 일이/ 부모 형제에게 잘못한 일이/ 자꾸 밟히니"(「작별의 인사」), "죽 끓듯 하는 마음을/ 바로잡아야 하느니"(「내 마음 바로잡기」) 등 많은 작품들이 그렇다.

 이런 삶에 대한 성찰은 사람이 세상을 살아가는 인생살이로 확대되기도 한다.

　　살아가는 일은
　　베를 짜는 일이다
　　희노애락이 섞여 와서

깊은 골방에 군불로 타들어 간다
날줄 씨줄을 보디로 탕탕 쳐서
비단을 짠다
석새 베 씨도 안 들게
인생을 살다 간다
비가 온다
바람이 분다
뜬구름 떠 간다
사는 일은
좋은 사람 싫은 사람 모두 섞어
베를 짜는 일이다
- 「사는 일은」 전문

 위 시는 베틀에서 베를 짜는 일을 사람의 삶과 비유하고 있다. 베틀에서 베를 짜는 일을 해본 사람이나 그것을 지켜본 사람은 베를 짜는 일이 사람의 삶과 유사함을 알 것이다. 좋은 베를 짜기 위해서는 베의 재료인 실이 좋아야 하고, 좋은 실이 마련되면 그것을 잘 직조하는 숙련된 기술이 있어야 한다. 잉아줄을 당기고, 북을 넣고, 바디를 치는 시간 등을 잘 맞추어야 올이 촘촘한 좋은 베가 된다. 욕심을 부려 잉아줄을 세게 당기거나 바디를 너무 세게 쳐도 실이 끊어지고 올이 터져 버린다. 사람 사는 일도 다르지 않다. 마을이나 국가를 구성하는 사람들은 모두 생각이 다르고, 취향도 다르고,

추구하는 바도 다르다. 그렇지만 공동체를 이루고 살기 위해서는 베를 짜듯이 서로 배려하면서 협력해야 한다. 생각이 다르다고 배척하고, 뜻이 맞는다고 편애하면 파당으로 분열되어 갈등만 야기하게 된다. 그래서 시인은 "석새 베 씨도 안 들게/ 인생을 살다 간다"고 하면서 사람 사는 일이 베를 짜듯이 조화로워야 한다는 것을 말하고 있다. 인생을 살다 보면 '비 오는 날도 있고, 바람 부는 날'도 있지만 모든 것은 하늘의 구름처럼 흘러가니 담담하게 받아들일 것은 받아들이고 지켜볼 것은 지켜보는 유연함이 필요하다는 것이다. 삶에 대한 깊은 성찰과 완숙한 시선에서 나올 수 있는 통찰력이라 하겠다. 삶에 대한 성찰과 인생살이에 대한 통찰은 이웃과 세상을 넉넉하고 따뜻하게 보게 되는 것 같다.

 다음과 같은 작품은 시인의 넉넉하고 따뜻한 마음을 엿보게 한다.

> 꽃피지 않는 나무는 없다
> 꽃 없는 과일이란 무화과는
> 아무도 모르는 마음속에 다디단 과육을 태워 핀다
> 사람도 저마다 꽃을 피운다
>   (중략)
> 무화과도 꽃이 피거늘
> 눈여겨 보아라
> 나무만 피는 것이 아니라

> 비알의 온갖 풀도 꽃 피고
> 잘난 사람도 못난 사람도
> 제각각 아름답게 꽃이 피느니라
> 　　　　　　　－「사람도 꽃을 피운다」 부분

　인간에 대한 애정이 묻어나는 작품이다. 누군가 '하찮은 것도 자세히 보면 아름답다'고 하듯이, 시인은 누구나 저 마다의 특징으로 '제각각 아름다운 꽃'을 피우는 존재라고 한다. 사회적 지위, 학력, 재산, 외모 등으로 평가되는 외형적이고 물질적 가치에서 벗어나 인간이라는 본질적 가치를 보면 누구나 타고난 자질과 역량으로 제 몫의 삶을 사는 귀한 존재라는 것이다. 대부분 상대방의 처지나 관점이 아니고, 자기의 생각대로 보고 판단한다. 상대방보다는 자기의 입장과 생각이 우선인 것이다. 그러나 생각을 바꾸어 상대방의 처지를 고려하고 이야기에 귀를 기울이게 되면 생각이 바뀌게 되고, 관계도 변하게 된다. 「술을 좋아하는 사람」에서와 같이 '술에 취하면 찾아와 한 잔 달라'고 하는 것을 '좀 귀찮은 사람이 있어서 좋다'는 넉넉하고 따뜻한 마음으로 대하면 술 취한 사람은 '눈이 빛나' 마음 속 말들도 늘어놓는 것이다. 그러니 '눈여겨보면 비알의 온갖 풀도 꽃을 피우듯이, 잘난 사람도 못난 사람도 제각각 아름답게 꽃을 피운다'는 것이다. 애정을 가지고 보아야 저 마다 숨어 있는 장점이 보인다는 시인의 넉넉하고 따뜻한 마음 잘 드러난다. 사물과 사람을 보고 대하는 시인의 눈과 마음이 평범한 자연과 사물을 평범하지 않게 담아내고 있다고 하겠다.

4.
『꽃잎 지는 봄날의 외출』에는 작품의 완결성에 주안점을 둘 때 아쉬운 작품들도 없지 않다. 시인의 노력을 감하는 일이 되지 않을까 저어하기도 하지만 혹시 참고가 될까 싶어 한두 가지 적어보기로 한다.

>   소疏 명明 공空 철徹
>   거리낄 것 없다
>   텅 비고 드넓은 하늘로 날아간다
>   어디에 떨어져 무엇이 될지는
>   정한 바 없다
>   추운 겨울 오는데
>   모두 벗어 날려 보냈다
>   이렇게 개운할 수가
>
>   -「가랑잎」전문

위 시는 제목이 '가랑잎'이다. 그런데 가랑잎의 특징이나 가랑잎으로 비유되는 것(아들이나 딸)에 대한 형상화보다는 가랑잎을 날려 보내고 앙상한 가지만 남은 홀가분한 나무에 초점 두고 있다. 시인이 형상화하고자 하는

것이 나무라는 모체를 떠난 '가랑잎'인지, 나뭇잎을 다 벗어 날려 보내어 '개운한 나무'인지가 모호하다. 작품의 제목을 '가랑잎'이 되려면 '텅 비고 드넓은 하늘로 거리낄 것 없이 날아가는 가랑잎'에 더 초점에 모아져야 한다. 이 작품에서 가랑잎은 '텅 비고 드넓은 하늘로 거리낄 것 없이 날아가지만, 어디에 떨어져 무엇이 될지는 정한 바 없는' 정도만 드러난다. 시의 주제가 하나로 집중되어야 작품의 완결성이 높아진다. 그리고 문학적 상상력을 자극하는 시적 표현이 약한 작품들도 더러 보인다.

그렇지만 시집 『꽃잎 지는 봄날의 외출』에는 노시인의 완숙한 아취를 엿보게 하는 작품들이 많아 노익장의 새로운 모습을 보게 한다. '겨울밤이 긴 이유가 뉘우치지 못하기 때문'이라는 「겨울밤은 길다」, '해지는 산비탈에서 바보 되는 법을 배운다'고 하는 「그리움」, '푹푹 쌓이는 눈을 보며 누구를 위해 한 줌 두엄이 되고 싶다'는 「쌓이는 눈」, '지인의 부고를 받고 문상을 다녀오는 밤길이 환한 것이 밤하늘에 별이 하나 더 늘어서'라는 「부고」 등은 삶에 대한 깊은 성찰과 통찰에서 나올 수 있는 것이라 하겠다.

조종명 시인은 첫 시집 『소나무는 외롭지 않다』에서 강조했던 '올곧은 삶'을 이후의 시집들에서도 줄곧 견지하면서 관심을 가족, 문중, 이웃, 세상, 자연으로 확대해 왔다. 이번 시집 『꽃잎 지는 봄날의 외출』에는 자연에 대한 시인의 관심이 더 커졌다. 자연과 더불어 안분자락하겠다는 시인의 마음이 곳곳에서 묻어난다. '꽃이 피면 꽃을 보고'(「내 마당에」), '달이 뜨면 달을 보며'(「상달 진주 남강 물 위로 흐르는 달을 보리라」), '숨 쉬고 걸을 수 있는 것을 복으로 여기며'(「향수」) 유유자적하는 시인의 모습이 그려지는 것 같다.

꽃잎 지는 봄날의 외출

2024년 8월 1일 초판 인쇄
2024년 8월 5일 초판 발행

지은이 / 조종명

발행인 / 강병욱
발행처 / 도서출판 교음사

03147 서울 종로구 삼일대로 457 수운회관 1308호
Tel (02) 737-7081, 739-7879(Fax)
e-mail / gyoeum@dau+m.net

등록 / 제2007-000052호

* 잘못된 책은 바꾸어 드립니다. 값 10,000 원

ISBN 978-89-7814-994-5 03810

- 이 도서는 경남문화예술진흥원으로부터 기금 일부를 지원받아 제작되었습니다.

- 이 도서 내용의 전부 또는 일부를 재사용하려면 저작권자와 교음사의 동의를 받아야 합니다. 지은이와의 협의 하에 인지는 생략합니다.